Aprenda a Sitio Web para Su Negocio, Usando WordPress para Principiantes:

MEJORES Métodos de Desarrollo de Sitio Web, Para Crear Sitios Avanzados sin Esfuerzo Para Una Optimización Completa, Creación de Contenido y Más.

Por Thiago Rivera

Tabla de Contenido:

Capítulo 1- ¿Qué es WordPress?

Capítulo 2 – Compra de un Dominio y Alojamiento

Capítulo 3 – Instalando WordPress

Capítulo 4 – Haciendo Uso del Tablero

Capítulo 5 – Encuentra e Instala un Tema

Capítulo 6 – Crear Páginas y Publicaciones

Capítulo 7 – Crear Categorías y Etiquetas

Capítulo 8 – Crear Menús de Navegación

Capítulo 9 – Cómo Usar Widgets y Barras Laterales

Capítulo 10 – Como Usar Complementos

Capítulo 11 – Crea un Formulario de Contacto

Capítulo 12 – Asegure su Sitio

Capítulo 13 – Agregar Botones para Compartir en redes Sociales

Capítulo 1:

Qué es WordPress? Al dividir WordPress en sus conceptos básicos, es el método más popular para crear su sitio web o blog. En este momento, WordPress alimenta el 30% de todos los sitios actuales en Internet; Esto significa que WordPress funciona con menos de uno de cada tres sitios web.

Desde que se lanzó WordPress en 2003, está claro que es la opción más popular para crear su sitio web. WordPress es un software de publicación web que muchas personas confunden solo con una herramienta de blogs, en lugar de un Sistema de Gestión de Contenido (SGC) extremadamente flexible, que le permite desarrollar y administrar el sitio web que creó; simplemente usando su navegador web. La mejor parte de WordPress no es que sea solo una herramienta fantástica, sino que es completamente gratis.

Esto se debe a que WordPress es un proyecto de código abierto. Lo que significa que miles de voluntarios en todo el mundo participan regularmente, mejorando y creando funciones adicionales para el software de WordPress.

Algunas de estas características cubren constantemente nuevos temas, complementos y widgets que permiten a los usuarios crear cualquier sitio Web en el que puedan pensar, esto es lo que hace que WordPress sea tan genial.

Antes de WordPress se consideraba capaz de crear un sitio web como una habilidad poco común. Esto se debió al hecho de que construir un sitio en ese entonces requería que un desarrollador tuviera conocimiento de HTML, PHP y CSS para mostrar imágenes, formatear texto, entre otras. Su navegador web leería el código, y si se codificaba sin ningún error el sitio web se mostrará para el usuario final.

Hoy en día, debido a la mejora constante de la tecnología, la creación de WordPress hace que el proceso de crear un sitio web sea tan simple como instalar el software WordPress en su servidor web en cuestión de 5 minutos. Una vez que termine de instalar, podrá iniciar sesión en su sitio de WordPress utilizando su navegador web elegido, logrando crear cualquier sitio web, son tan solo usar un dedo. WordPress ofrece una interfaz de usuario fácil de usar, ahorrando al usuario el incentivo de tener que aprender a codificar.

Sin embargo, hay algo para recordar antes de seguir adelante y tratar de usar WordPress. Esto es que hay dos WordPress diferentes: **WordPress.org y WordPress.com**

> **WordPress.org** – Este es el WordPress autohospedado, que permite a los usuarios descargarlo y usarlo como quieran. Todo lo que hay que hacer es obtenerlo para el alojamiento web y un nombre de dominio para comprar, lo que le da al usuario un control total sobre todo.
>
> **WordPress.com** – Por otro lado, WordPress.com es un servicio que WordPress ofrece a los usuarios. Donde WordPress maneja todo por usted sin flexibilidad en comparación con lo que ofrece WordPress.org.

Para este libro, veremos cómo crear un sitio web en WordPress.org. Tenga en cuenta que la mayoría de los temas mencionados para WordPress.org pueden aplicarse a WordPress.com.

Capítulo 2:
Compra de un Dominio y Alojamiento.

Cuando se trata de comprar el alojamiento de su sitio web y el nombre de dominio, a menudo se pasa por alto. Antes de profundizar en cómo comprar su nombre de dominio y alojamiento para su sitio web, creo que es mejor cubrir qué es un nombre de dominio y alojamiento web:

Nombre del dominio – Un nombre de dominio es la dirección de su sitio que las personas ingresan en la URL de su buscador para visitar el sitio web seleccionado.

Alojamiento Web – El alojamiento web es la ubicación donde se almacenará los archivos de su sitio web, algunas personas lo consideran el hogar de su sitio.

Los nombres de dominio y el alojamiento web trabajan juntos para que un sitio web funcione. Sin que ambos trabajen juntos, un sitio web no funcionaría para las necesidades del usuario, considere el sistema como el que está detrás de cada nombre de dominio, hay una dirección del alojamiento web que almacena los archivos del sitio web.

Cuando se encuentra el alojamiento web, a menudo se pasa por alto, es esencial observar cada característica específica por la que está pagando; ya que tener un gran sitio web requiere que tengas un buen alojamiento web.

Cómo tener un alojamiento web de alta calidad puede mejorar su optimización de motor de búsqueda (SEO) y aumentar las conversiones. Existen múltiples tipos de contratos de alojamiento web como:

1. Gratis
2. Compartido
3. VPS
4. Dedicado

Al elegir con qué proveedor de alojamiento web ir, observa su velocidad, seguridad y confiabilidad. Todo esto es muy necesario a la hora de elegir su proveedor de alojamiento, ya que proporcionará a sus usuarios la mejor experiencia posible.

Un proveedor de servicios de alojamiento web que recomiendo es Bluehost al decidir: ¿qué paquete comprar? Compare los paquetes que proporcionan con las variables que se discutieron previamente y que se adaptan a su presupuesto.

Ahora, al encontrar qué nombre de dominio se adapta mejor a su sitio web, es vital verificar antes de comprar cualquier nombre de dominio que se le ocurra.

Los tres controles que debe realizar antes de comprar su nombre de dominio son:

1. **Verificar competencia** – Al verificar la competencia, ingrese las palabras clave principales para su dominio seleccionado y vea si hay competencia para esa búsqueda. Por ejemplo, ingresar el término de búsqueda "BookFace.com" sería un mal nombre de dominio. Este es el caso, ya que estaría compitiendo con los gustos de Facebook y otros sitios de autoridad.

2. **Siempre usa .com** – La razón de esto es que .com se ha convertido en el final más memorable al escribir la URL de un sitio web.

3. **Mantenlo corto** – Si tienes tu nombre de dominio largo y complicado, podría

arriesgarse a que los clientes escriban mal o tenga errores ortográficos.

Al seleccionar dónde comprar su nombre de dominio, recomiendo usar GoDaddy, esto se debe a que ofrecen una interfaz de usuario fácil de usar para encontrar un dominio para su sitio web. Además, ofrecen algunas de las mejores ofertas en el mercado para comprar un nombre de dominio. Recuerde al elegir su nombre de dominio; aplicar los tres controles a su investigación.

Capítulo 3:

Instalar WordPress. Cuando se trata de instalar WordPress, puede volverse complicado si ahora sabes lo que estás haciendo. La forma más fácil de descargar WordPress es a través de su proveedor de alojamiento web. Para este caso, explicaré cómo descargar WordPress si su proveedor de alojamiento es Bluehost, para la mayoría de los proveedores de alojamiento es relativamente fácil también descargar WordPress.

> **Paso 1:** Ir a My.Bluehost.com
>
> Una vez que haya iniciado sesión en su panel de control de Bluehost, vaya a la sección llamada "sitio web" y seleccione el ícono de WordPress, esto lo redirigirá a "Mojo Marketplace". En pocas palabras Mojo Marketplace es un diccionario de aplicaciones, que se compone de aplicaciones que son

gratuitas pero no muy fáciles de instalar.

Paso 2: Instalar WordPress en Bluehost Una vez que haya sido redirigido a Mojo Marketplace, habrá un gran botón verde que dice "Instalar nuevos scripts", haga doble clic en él y espere a que lo dirija a una nueva pantalla.

Paso 3: Elige tu nombre de dominio. La nueva pantalla debe pedirle que "Seleccione en qué dominio desea instalar:" Ingrese el nombre del dominio que ha comprado, sin embargo, antes de hacer clic en el botón que dice "Verificar dominio", debe haber un pequeño cuadro junto a una reacción repentina.

Aquí es donde puede decidir qué directorio WordPress debe instalarse también. Para su caso no ingrese nada. Una vez que haya ingresado el campo de información correcto y esté satisfecho, haga clic en el botón "Verificar Dominio". Puede aparecer un mensaje que dice "Parece que los archivos ya

existen en esta ubicación".
Simplemente ignore este mensaje
y haga clic en "Continuar".

Paso 4: Escriba su Información de inicio de
Sesión de WordPress.

Puede tomar algunos minutos para dejar que WordPress se instale. Una vez que se complete la instalación, se le redirigirá a una página que le dará su información de inicio de sesión de WordPress, y esto incluye lo siguiente:

- URL de tu sitio web
- La URL de administrador de su sitio web
- Su nombre de usuario
- Su contraseña

Asegúrese de que cuando se muestre esta información, anótela en dos hojas de papel para asegurarse de no perderla y guárdela en un lugar seguro.

Recibirá un correo electrónico de confirmación, rectificando toda la información por usted una vez más. Si no ve su sitio con tecnología de WordPress de inmediato, no se preocupe, puede tomar hasta alrededor de 12 horas antes de que su nuevo sitio esté disponible.

Paso 5: Felicidades!
Si siguió todos los pasos correctamente, debería haber completado el proceso de instalación de WordPress en su cuenta de Bluehost. Ahora puede comenzar a editar temas, cargar complementos y agregar contenidos a su nuevo sitio de WordPress.

Capítulo 4:

Haciendo Uso del Tablero. Una vez que haya abierto WordPress por primera vez y el panel de control le dé la bienvenida, entiendo que puede ser confuso para los principiantes. Aprender el tablero es lo que evita que muchas personas intenten usar WordPress, sin embargo, al aprender los conceptos básicos de lo que el tablero tiene para ofrecer; debería prepararte para ir por el agujero del conejo cuando intentas crear sitios web sofisticados.

Cuando inicie sesión por primera vez en WordPress, deberá recibir el panel de control con muchas opciones en el panel lateral y configuraciones en la pantalla principal. Esto es lo que se considerará como la sala de control de soporte de su sitio web; puedes editar lo que se muestra en tu panel seleccionado "Opciones de Pantalla" en la parte superior de la página en la esquina derecha. Aparecerá un menú desplegable que le dará las opciones sobre lo que desea ver (algunas de las opciones pueden no estar disponibles para usted, esto se debe a que es posible que no haya descargado los complementos compatibles).

Pasando a la siguiente parte del panel de control llamada "Publicaciones", aquí es donde se encuentran sus cosas, como publicaciones de blog, boletines y más; estarán ubicados.

Los siguientes son los medios de comunicación. Esta será la sección donde se ubicarán las fotos, videos, PDF y más en su sitio web. Al comenzar, su biblioteca estará vacía, esto se debe a que aún no ha subido ningún archivo.

La cuarta sección en la barra lateral es "Páginas". Las páginas son las que construyen su sitio web para tener múltiples páginas web, algunas de éstas web podrían incluir lo siguiente:

- Página de inicio
- Sobre nosotros
- Preguntas frecuentes
- Y más

La sección de páginas le permitirá ver todas sus páginas actuales que ha creado. Todas estas páginas se pueden agregar a una barra de navegación, para que los usuarios no tengan problemas al navegar por su sitio web.

Seguido por la sección de "comentarios". Esto incluirá todos los comentarios que hayan quedado en sus publicaciones, si acaba de instalar WordPress, no tendrá comentarios disponibles. Para los bloggers, aquí es donde podrán ver lo que les gusta a sus espectadores y no lo que les gusta de su blog.

Una de las secciones más complicadas de tu WordPress es la sección de apariencia, ya que aquí es donde la mayoría de las personas se confunden. Hay múltiples subcategorías para la sección de Apariencia. La primera subcategoría es temas; hablaremos más sobre este tema en el Capítulo 5. La sección de personar es donde puede editar detalles específicos sobre el tema que ha elegido. Los widgets, menús, encabezado y fondo se puede abrir haciendo clic en la opción de personalizar. La configuración y las opciones del tema le permiten ver enfoques más detallados de lo que su tema tiene para ofrecer.

La opción de complementos le ofrece formas de agregar y ampliar cómo funciona su sitio de WordPress (Esto se tratará más a fondo en el Capítulo 10). Agregar complementos a su sitio web de WordPress puede otorgar acceso para brindar a los usuarios de su sitio web una mejor experiencia.

La sección del usuario es si necesita tener diferentes tipos de usuarios con un rango de permisos de inicio de sesión, toda esta sección es por si necesita agregar nuevos usuarios o editar su perfil de usuario. Esto ayuda a sitios como foros, donde las personas tienen diferentes permisos de usuario en todo tipo de sitio web.

La opción de configuración dentro del panel lateral puede variar según los complementos que haya instalado. La pestaña de configuración general dentro de la configuración es donde puede editar el título de su sitio, URL, lema, dirección de correo electrónico de contacto y más. Para la subcategoría de escritura, aquí puedes elegir tus categorías predeterminadas y formatos de blog. La categoría de discusión le ofrece la opción de editar y filtrar sus comentarios. Luego, también para leer, aquí es donde puede elegir cómo se verá su pantalla de FrontPage. Los medios le permiten determinar la cantidad máxima de dimensiones en píxeles que desea agregar para adicionar a su biblioteca de medios. Finalmente, para enlaces permanentes, esto le ofrece la opción de personalizar su URL.

Debe tener una visión mucho más clara de lo que el tablero tiene para ofrecer, refiérase a su tablero como la base de todo su sitio web donde puede controlar todo.

Capítulo 5:

Encuentre e Instale un Tema. Una de las piezas más cruciales para comenzar un sitio web de alta calidad es decidir cómo le gustaría que se vea. Es posible que tenga una visión clara de cómo le gustaría que sea su sitio, o tal vez desee obtener un poco de inspiración para encontrar un tipo de diseño adecuado. Cualquiera de las dos opciones, WordPress lo hará más cómodo para que diseñe su sitio web exactamente como lo desea. ¡Esto se hace a través de sus temas fáciles de usar!

Los estilos de tema de WordPress son la forma más fácil y una de las más baratas de crear su sitio, diseñado según sus necesidades con una plantilla seleccionada que le encante. Cubriremos cómo puede continuar, encontrar y descargar el tema de WordPress elegido en su sitio web.

Para comenzar a elegir un tema, vaya a la pestaña "Apariencia" y seleccione la subcategoría de "Temas", que se encuentra en el lado izquierdo de su panel de WordPress. Una vez que se haya cargado la página

"Temas", haga clic en el botón "Agregar nuevo" ubicado en la parte superior de la página.

Si se completa adecuadamente, debe llegar a la página "Agregar Temas", donde puede explorar los diferentes temas; que son excelentes para todos los diferentes tipos de sitios web. Si desea filtrar los diseños para obtener ideas de manera efectiva, le recomiendo que consulte las pestañas "Destacado" y "Popular" dentro de la página del tema. Pero si tiene una idea clara de cómo le gustaría que se viera su sitio web, use el botón "Filtro de Funciones" le permitirá buscar únicamente las funciones de los temas que está buscando y generará una lista que cumpla con sus requisitos. Cuando encuentre el tema que coincida con lo que está buscando y quiera probar, todo lo que debe hacer es hacer clic en el botón "Instalar".

Una vez que el tema haya terminado de instalarse, deberá ubicarlo en su página principal de "Temas". Esto requerirá que haga clic en "Activar" para cargarlo en su sitio web.

Si ha optado por invertir en la apariencia de su sitio web comprando una plantilla de tema personalizada o premiun. Para cargarla en su sitio, en la parte superior de la página, ubique la pagina "Agregar Temas" y seleccione "Cargar Tema". Desde su clic en "Elegir Archivo" y busque el tema personalizado o premium, y cárguelo. Una vez que se haya cargado, haga clic en "Activar" para cargarlo en su sitio web.

Ahora que ha aprendido a buscar e instalar temas, este es solo el comienzo de la madriguera del conejo. Ahora puede aprender formas y jugar sobre cómo personalizar su tema más a su gusto.

Capítulo 6:

Crear Páginas y Publicaciones. Crear páginas y publicaciones es muy importante para todos los sitios web.

Como eso es lo que hace que su sitio sea navegable, permite que el usuario de un sitio web obtenga la información más especifica que necesita. En lugar de tener que localizar el segmento de texto en una página completa. Dentro de las páginas, tienes publicaciones que son piezas de contenido que podrían considerarse algunos como artículos de noticias, que se actualizan regularmente, lo que significa que no crearía una nueva página para cada articulo que tenga. O el sitio web se volvería lento y desordenado para los usuarios.

Para crear una página, vaya a la sección "Páginas" en el panel lateral y haga clic en "Agregar Nuevo", si aún no ha creado una página. Asegúrese de crear el mínimo de dos páginas; que son más específicamente una página de "Inicio" y una página de "Publicaciones". Una vez que haya creado sus dos páginas nuevas, haga clic en publicar, antes de hacerlo desmarque todos los cuadros de diálogo (Si aparecen).

Una vez que haya configurado sus dos páginas, querrá mostrar a WordPress cómo se clasificará su página de inicio. Para ejecutar esto, debe navegar a la pestaña Apariencia en el tablero, dentro de una subcategoría seleccionar personalizar. Una vez que haya sido reenviado a una nueva página, haga clic en la pestaña "Configuración de la Página de Inicio". Se le presentarán varias opciones, como mostrar su página estática o sus últimas publicaciones. Elegir una página estática es la opción más popular y adecuada para la mayoría de los sitios web a menos que esté creando un sitio de noticias. Deberá asignar sus últimas publicaciones a la "Pagina de Publicaciones", para que los usuarios de su sitio web puedan navegar fácilmente para encontrar sus publicaciones recientes. Asegúrese de no olvidar hacer clic en "Publicar o Guardar Borrador" en la parte superior de la página, cuando haga clic en los cambios se aplicarán a su sitio web.

Ahora, para que sus páginas sean navegables, querrá agregar todas sus páginas a un menú de navegación, esto facilitará a los usuarios el acceso a su sitio web. Para continuar y agregar páginas a su menú de navegación, vaya a "Apariencia" en su panel de WordPress, seleccione "Personalizar pantalla" y finalmente haga clic en la pestaña Menús. Para terminar de crear su menú, se lo enviará a una página que le mostrará todas las que ha creado. Seleccione las páginas principales relevantes que desea que los usuarios naveguen; ejemplos son su página de inicio, sobre nosotros, la página de publicaciones y más. Cuando termine, el menú se agregará a la página elegida, repita este proceso para sus páginas de navegación y haga clic en publicar. Después de que haya publicado su menú de navegación, revise su sitio web en vivo para asegurarse de que haya resultado como esperaba.

Una vez que su página de publicaciones esté completamente activa, puede comenzar a agregar publicaciones y comenzar a crear una gama de contenido para los lectores. Una gran cosa acerca de WordPress es que este proceso sea increíblemente fácil.

Capítulo 7:

Crear Categorías y Etiquetas. Las categorías y etiquetas son las principales formas de agrupar contenido para su sitio de WordPress. Al ser categorías más específicas son etiquetas generales "Labels", y las etiquetas "Tags" son etiquetas mas especificas.

Un resumen de las categorías es que son la forma más general de agrupar contenido en WordPress. Una categoría resume un solo tema o múltiples temas asociados entre sí.

Ocasionalmente, una publicación se puede conectar a varias categorías a la vez. Sin embargo, no es una buena idea dirigir una publicación a más de 2-3 categorías. La razón principal de una categoría es ordenar el contenido de manera organizada, lo que facilita el acceso de un usuario. Por ejemplo, si escribiera una publicación anunciando las ultimas noticias, la ordenaría en la categoría

"Noticias". Sin embargo, si escribo una publicación sobre el último equipo de cámara en el mercado, asignaría esa publicación a la categoría "Noticias" (ya que es la "Ultima"). Luego, también a la categoría Tecnología (ya que es una pieza de tecnología también).

Para agregar una categoría a su sitio web, vaya a la categoría de publicaciones en el panel de control; luego, dentro de las publicaciones, haga clic en la subcategoría de categorías en la categoría de publicaciones, para crear una categoría, escriba como le gustaría llamarla, en el cuadro de texto "nombre". Para el cuadro de texto "pegajoso"; ingrese el mismo nombre que ingresó en el cuadro de texto "Nombre", esto aparecerá en su URL como la página especificada. Luego, si la categoría es una subcategoría de otra categoría, deseará agregarla a la categoría principal relevante; si no es así, haga clic en "no". Para la descripción, aquí es donde puede escribir qué tipo de publicaciones pertenecen a la categoría. Ahora, cuando haya creado categorías relacionadas para sus publicaciones de contenido, asegúrese de asignarlas a las categorías correctas. Esto facilitará a los usuarios a encontrar la información que necesitan para navegar en su sitio.

Las etiquetas, por otro lado, son excelentes si desea identificar un contenido elegido por palabras clave específicas; las etiquetas son diferentes a las categorías por la forma en que las usa; las categorías están destinadas a especificar un tipo de género para la publicación. Sin embargo, las etiquetas van más en profundidad y definen de qué habla una sola publicación si está escribiendo una publicación, se espera que incluya varias etiquetas para indicar de qué está hablando su publicación; para su sitio web y motor de búsqueda de navegadores web.

Un excelente ejemplo de esto sería si estuviera escribiendo una publicación sobre Francia ganando la copa del mundo. Agregaría etiquetas como Francia, Futbol, Rusia, Copa Mundial. Y la lista podría seguir. Al crear sus etiquetas, deberían poder resumir la idea de lo que estaba en la publicación; simplemente usando palabras clave.

Para editar etiquetas vaya a la sección "Publicaciones" en el panel lateral y seleccione la subcategoría "Etiquetas". Aquí podrá ver las etiquetas que han resultado relevantes para publicaciones específicas. No tendrá que visitar esta sección con frecuencia. Sin embargo, es bueno tener una visión general de vez en cuando; para que pueda ver qué etiquetas específicas diferentes ha usado con más frecuencia. Cuando escribe sus publicaciones, puede asignarles etiquetas editando en la sección llamada "Agregar Etiquetas".

Llegando a una conclusión, las categorías y etiquetas dentro de WordPress son cruciales para garantizar que su sitio web esté organizado; en términos de hacer que su contenido sea fácil de navegar.

Capítulo 8:

Crear Menús de Navegación. No tiene sentido decir lo importante que es tener un menú fácil de navegar, menú de navegación. Un menú ayuda a crear una estructura para su sitio web, proporcionando a los usuarios una forma libre de estrés para navegar por su sitio. Luego, por otro lado, también hace que sea fácil para los motores de búsqueda descubrir el contendido de su sitio web, lo que aumentará el SEO.

Antes de crear su menú de navegación, es vital que haya creado páginas para agregar a su menú. Para comenzar a construir el menú de su sitio, vaya a la sección "Apariencia" en el panel lateral, luego haga clic en la subcategoría "Menús". Una vez que haya llegado a la página de menús, ingrese el nombre del menú elegido en el campo "Nombre del Menú" y una vez hecho, seleccione el botón "Crear Menú". Por ejemplo, para este tutorial, llamé al mío "Menú Encabezado", esto se debe a que será el menú que aparecerá en el encabezado de mí tema (en la parte superior del sitio web).

Una vez que se ha creado el menú, puede comenzar a agregar algunas de sus publicaciones, categorías y enlaces personalizados. Verá los elementos que tiene disponibles para agregar a su menú para este caso agrupe los elementos adecuadamente, haciendo clic en la casilla de verificación para que aparezcan en su menú. No tiene que agregar cosas a su menú, como privacidad y páginas de TOS, ya que es probable que los usuarios de su sitio web no estén interesados en eso (para páginas como esa, recomendaría el pie de página).

Para reordenar el menú y crear elementos de submenú, en la mayoría de los casos, la página "Inicio" debería ser su primer elemento en su menú; entonces el resto de las páginas dependerán de la importancia de las mismas. En general la página "Contacto" es la última para la mayoría de los casos. Para reordenar los elementos del menú, deberá hacer clic en las cosas que desea mover en el menú. Luego, una vez que haya elegido su elemento, arrástrelo hacia arriba o hacia abajo según donde desee que se ubique.

Si desea crear un subcategoría para su menú, haga lo mismo haciendo clic y manteniendo presionado, luego arrastre debajo de la categoría a la que desea que se subponga y muévala a la derecha de la misma.

Ahora, una vez que haya configurado su menú, debe agregarlo a su sitio web en vivo. Dependiendo del tema que haya elegido, determinará donde colocarlo. Debería ver "configuración de menú" en la página "Estructura de menú", no le recomiendo que haga clic automáticamente, ya que es mejor agregarlo a sus páginas manualmente. La razón de esto es que si su tema prioriza el menú de encabezado, podría acabar con algunos de los títulos de sus páginas que no se muestran completamente debido a que los títulos son demasiado largos. Por tanto, asegúrese de seleccionar manualmente una ubicación de menú que esté optimizada para la navegación del usuario.

Finalmente, una vez que haya terminado de agregar las páginas al menú, elija la estructura del menú y haya seleccionado la ubicación de visualización. Puede guardar su menú haciendo clic en el botón "Guardar Menú", luego vea cómo se verá desde la vista de un usuario.

Capítulo 9:

Como Usar Widgets y Barras laterales.

Uno de los puntos más vendidos de WordPress es lo personalizable que puede ser. Sin embargo, debe conocer las características esenciales y cómo obtener lo mejor de su sitio web. Aprender cómo funcionan los widgets y las barras laterales es un excelente punto de partida.

Los Widgets le permiten mejorar funcionalidades particulares de las barras laterales y pies de página de su sitio de WordPress, la parte más importante al respecto, es que no necesita tener ningún fondo de codificación para usarlos. Todo gracias a los widgets, pueden hacer que sus barras laterales muestren publicaciones recientes, proporcionar una barra de búsqueda, mostrar imágenes y más.

WordPress ofrece algunas formas de personalizar la funcionalidad y el aspecto de sus sitios web. Un ejemplo de estos temas solo le permite realizar cambios significativos en el aspecto de su sitio. ¿Qué sucede si desea agregar una función específica a las páginas de su sitio web? La única solución para esto son los widgets. Los widgets ofrecen una opción flexible para realizar micro cambios en su sitio, todo esto se hace predeterminado a través de WordPress; Esta es una de las mejores cosas de los widgets. Como se hace predeterminado a través de WordPress, no podría ser más fácil agregar widgets específicos a su sitio.

Para colocar Widgets, hay varios puntos designados disponibles para colocarlos en su sitio, dependiendo de su tema. La mayoría de las veces, los widgets se encuentran principalmente en el pie de página y en las barras laterales.

Para agregar un widget a su sitio web es muy fácil como se indicó anteriormente, así que veamos cómo agregar widgets a su sitio de WordPress. Primero diríjase a su panel de WordPress, en el panel lateral, seleccione la sección "Apariencia" y haga clic en la categoría "Personalizar". Una vez que haya sido reenviado a la página de personalización, seleccione la pestaña "Widgets". Se le mostrará una lista de áreas donde puede colocar widgets en su sitio, la cantidad de lugares puede variar según el tema que esté utilizando.

Ahora puede seleccionar un área de widget que posiblemente le gustaría personalizar. Se le presentarán un par de widgets que se enumeran allí. Si sus widget pensados aún no se ha agregado, haga clic en el botón "Agregar un Widget" para que se le presenten más widgets que podría agregar al lugar seleccionado. Si desea personalizar un widget elegido, selecciona la flecha pequeña en la esquina derecha. Cada widget tiene también un conjunto único de opciones para personalizar. Sin embargo, si desea eliminar un widget, puede hacer clic en "Eliminar" en la parte inferior de su ventana, luego, para volver a ordenar, puede hacer clic y mantener presionado un widget seleccionado y arrastrarlo hacia arriba y hacia abajo.

Dentro de la ventana de personalización, puede ver sus ediciones tomar lugar. Para poder visualizarlo antes de cargar la última edición de su sitio.

En general, los widgets y las barras laterales le ofrecen una amplia gama de posibles cambios para hacer su sitio web, haciéndolo un poco más personalizado para usted y los usuarios de su sitio web. Como he dicho antes con otros capítulos de WordPress, este es solo el comienzo de la madriguera del conejo. Con los widgets, puede entrar en mucho más detalle si es necesario, algunas de estas cosas incluyen;

- Edición de títulos.
- Cambio de Valores.
- Y más.

Esperemos que, esto le haya abierto la mente sobre cómo puede utilizar widgets y barras laterales en mayor grado.

Capítulo 10:

Como Usar Complementos. Aprender a usar y descargar complementos para su sitio de WordPress es algo importante que cada principiante debe aprender. Los complementos le dan la opción de crear nuevas funciones para su sitio web, como presentaciones de diapositivas, mensajes de ventanas emergentes, entre otras. Al Buscar complementos, notará que hay miles de complementos gratuitos y de pago disponibles. Al final de este capítulo, tendrá un claro alcance sobre cómo instalar complementos de WordPress en su sitio.

Al intentar instalar un complemento, hay varias formas de hacerlo, pero la forma más fácil es usar la barra búsqueda de complementos. El primer paso para comenzar a descargar un complemento es en el panel de control, vaya a la sección "Complementos" y haga clic en la subcategoría "Agregar nuevo".

Se le presentará una página que tiene múltiples complementos que puede usar para su sitio web; puede ordenar los complementos mirando "Destacados", "Populares",

"Recomendados" y "Favoritos". Sin embargo, si desea un tipo específico de complemento, use la barra de búsqueda en la esquina superior derecha e ingrese el nombre del complemento o la función; lo que está buscando que haga el complemento para su sitio web.

Dependiendo de lo que ingresó, se le mostraran listados relevantes para sus palabras ingresadas. Puede elegir el complemento que mejor se adapte a sus necesidades, una vez que haya seleccionado un complemento, haga clic en el botón "Instalar Ahora" para comenzar a descargar el complemento en su sitio web. Una vez que el complemento haya finalizado la descarga, se le mostrará una notificación de mensaje de éxito, con un enlace de activación llamado "Activar Complemento" o un enlace "Volver al Instalador de Complemento", esto lo llevara de regreso al instalador del complemento.

Asegurarse de hacer clic en el enlace de activación es vital. Si no hace clic, el complemento no sirve para nada y no hará nada dentro de su sitio web.

Capítulo11:

Crear un Formulario de Contacto.

Asegurarse de tener un formulario de contacto para su sitio de WordPress es muy importante, ya que si no tiene uno, ¿Cómo se comunicará con usted su audiencia? ¿Sin perseguirte? ¡No pueden! Al agregar un formulario de contacto, es la forma más fácil para que los usuarios de su sitio web se comuniquen con usted.

La forma más fácil que encuentro para agregar un formulario de contacto es mediante la instalación del complemento "WPForms". Esto se debe a que es rápido y fácil de configurar para cualquier sitio.

Para instalar "WPForms" vaya al panel de control de sus sitios de WordPress y seleccione la sección "complementos" en el panel lateral y elija la subcategoría "Agregar Nuevo". Una vez que se reenvíe a la página "Agregar Nuevo", busque en el panel "WPForms". Haga clic en el botón "Instalar" y, una vez que haya terminado la instalación, seleccione el enlace de activación.

Una vez que haya activado "WPForms", regrese al panel de WordPress y se debe agregar una nueva sección al panel lateral llamado "WPForms". Haga clic en "WPForms" y elija la subcategoría llamada "Agregar Nuevo". Una vez que se haya cargado la página de configuración, elija el "Formulario de Contacto Simple", que está disponible de forma gratuita.

A partir de ahí, "WPForms" creará automáticamente todos los tipos típicos de campos que necesitaría para un formulario de contacto. Si elige agregar otro campo estándar, haga clic y cree. Una vez que esté satisfecho con el diseño de su formulario de contacto, haga clic en "Guardar" en la esquina superior derecha.

Ahora que se ha creado el formulario de contacto, deberá agregarlo a su sitio. La forma más eficiente de hacerlo es agregando el formulario a una página, publicación o área de widgets. Si ya ha creado una página de "Contáctenos" que tenderá a ser el mejor lugar para ponerla en su sitio.

Para hacer esto, vaya a la página elegida, también está agregando su formulario de contacto; verá un ícono llamado "Agregar Formulario" al lado de agregar medios en el editor. Haga clic en el botón "Agregar Formulario" y elija el formulario que acaba de crear; desde el menú desplegable. También tendrá la opción de agregar el título y la descripción del formulario a su página. Cuando haya seleccionado sus opciones, haga clic en el botón "Agregar Formulario" y guarde la página. Ahora debería poder ver su formulario de contacto trabajando en nuestro sitio web.

Capítulo 12:

Asegure su sitio. Como se dijo antes, WordPress es el creador de sitios web más popular, sin embargo, es esencial asegurarse de que el sitio web sea seguro en todo momento. La razón principal de esto es que WordPress tiene código fuente abierto y es accesible en línea, por lo que cualquiera que sea lo suficientemente inteligente; posiblemente podría encontrar una fisura para atacar un sitio web. Esto le da a los piratas informáticos una ventaja, lo que dificulta que los propietarios de sitios web y los desarrolladores de WordPress aseguren sus sitios contra los piratas informáticos para que no puedan acceder a su sitio web.

El primer procedimiento para hacer que su sitio web de WordPress sea más seguro es usar contraseñas seguras. Esta es una práctica de piratería popular para probar diferentes contraseñas para su cuenta de alojamiento o su administrador de WordPress e iniciar sesión. Para acelerar el proceso a una eficiencia mayor; los hackers tienden a usar el software de descifrado de contraseñas con una contraseña alfanumérica con múltiples conjuntos de caracteres. Si no puede intentar crear una contraseña alfanumérica, existen aplicaciones en línea que pueden desarrollar contraseñas seguras para usted. Entonces, un consejo rápido es no guardar sus contraseñas en su navegador para iniciar sesión automáticamente.

Otra forma de contrarrestar a los hackers es mediante el uso de diferentes nombres de usuario para su inicio de sesión de administrador de WordPress. Esto se debe a que la mayoría de los usuarios de WordPress usan su nombre de usuario web predeterminado como su nombre de usuario para WordPress. Los hackers son conscientes de esto y saben atacarlo, por tanto, al usar su nombre de usuario predeterminado para su inicio de sesión de administrador; les estás dando a los atacantes una gran ventaja.

El siguiente método para evitar que los hackers desafíen su sitio web es habilitar la protección BruteForce. BruteForce actúa como una medida de seguridad adicional para evitar que los piratas informáticos fuercen contraseñas brutas. Para habilitar

BruteForceProtection, puede usar complementos como "BulletProof Security", herramientas como esta pueden limitar el número de intentos de inicio de sesión a una cantidad menor, lo que deshabilitará el inicio de sesión del hacker por un período de tiempo o pausará la cuenta; desde poder iniciar sesión hasta que se active. Para instalar "BulletProof Security", vaya a la sección "Complementos" en su tablero y seleccione la subcategoría "Agregar Nuevo". Una vez cargado, escriba en la barra de búsqueda "BulletProof Security", instale el complemento y active.

La última medida de seguridad para mantener su sitio web seguro es actualizar su versión, temas y complementos de WordPress de manera consistente. Esto se debe a que muchas aplicaciones y WordPress en sí emiten actualizaciones para corregir la seguridad contra los ataques que se han observado y corregido.

Hay muchas maneras de mantener su sitio web seguro; Al seguir algunas de las sugerencias enumeradas, puede ayudarlo a hacer que su sitio sea seguro tanto para usted como para sus usuarios en línea.

Capítulo13:

Añadir Botones para Compartir en Redes Sociales. Crear interacciones en las redes sociales es beneficioso para su web de muchas maneras. Puede ayudarlo a obtener nuevos lectores y espectadores; También puede ayudar a tus publicaciones y productos a desplazarse por las redes sociales. Una de las formas más fáciles de hacer que su contenido se pueda compartir es agregar botones para compartir en redes sociales.

La forma más fácil de agregar botones para compartir en redes sociales a su sitio web de WordPress es mediante la instalación de un complemento llamado "Social Pug". El "Pug" social ayuda a las cinco redes sociales principales, que son las siguientes:

- Facebook
- Twitter
- Google+
- LinkedIn
- Pinterest

El "Social Pug" le ofrece la opción de crear botones personalizables para compartir en redes sociales, a su gusto, incluyendo dónde están ubicados los botones.

Para instalar el complemento social. Primero, vaya a su panel de control, luego elija la sección "Complementos" y haga clic en la subcategoría "Agregar Nuevo". Una vez cargado, escriba en la barra de búsqueda "Social Pug" y luego instálelo y actívelo. Una vez activado, vaya a su tablero y seleccione la opción "Social Pug" en el panel lateral, elija la subcategoría "Kit de Herramientas". A continuación, tendrá que elegir qué botones le gustaría para compartir (Contenido en Línea o Barra Lateral Flotante). Actívela a su gusto y luego seleccione "Configuración". Aquí podrá modificar los botones sociales según las necesidades de su sitio. Dentro de "Redes Sociales", haga clic en "Seleccionar Red". Una vez hecho esto, elija las plataformas de redes sociales en las que se encuentra su sitio web y en las que le gustaría ser exhibido.

Una vez que esté satisfecho con su selección y los detalles del botón para compartir, haga clic en "Guardar Cambios". Entonces puede tener una vista previa en vivo de sus botones de compartir en vivo.

Conclusión

En general, "Aprenda a Diseñar un Sitio Web para Su Negocio, Usando WordPress para Principiantes". Ha cubierto todos los aspectos de lo que se necesita para crear un sitio web de WordPress, hemos hablado sobre cómo descargar WordPress para asegurar su sitio. Al seguir este libro, debe tener una idea distintiva y una base de conocimientos sobre cómo usar WordPress de manera efectiva a un alto nivel.

Recuerde que esto es solo el comienzo y cuanto más use WordPress, más cómodo se sentirá al usarlo. Tome medidas sobre lo que se le enseñó y cúmplalo; se sorprenderá de dónde puede llevarle la consistencia.

Si disfrutaste este libro de todos modos, ¡siempre agradecerás una crítica honesta!

Ingram Content Group UK Ltd.
Milton Keynes UK
UKHW021955220323
418981UK00012B/398